AF562441

A M. LE Dr MOUNIER

Médecin en chef du Val-de-Grâce.

Paris. — Imprimerie de E. Donnaud, rue Cassette, 9.

SIÉGE DE PARIS

1870-1871.

L'AMBULANCE

MILITAIRE

DE REUILLY

ANNEXE DU VAL-DE-GRACE

Par le Docteur A. MOTET

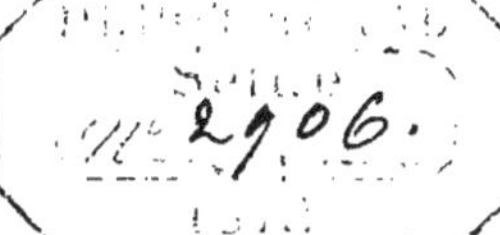

PARIS

A. DELAHAYE, LIBRAIRE-ÉDITEUR

PLACE DE L'ÉCOLE-DE-MÉDECINE

1872

AMBULANCE MILITAIRE

DE REUILLY

ANNEXE DU VAL-DE-GRACE

1870-1871

Après le désastre de Sédan, quand il devint évident que l'invasion se répandrait à travers la France, et qu'il serait réservé à Paris, soit d'arrêter le flot, soit d'essayer d'en retarder la marche envahissante, il fallut préparer la défense, et rassembler dans les murs de la cité menacée une partie des forces dont on pouvait encore disposer. Il fallut, à bref délai, organiser tous les grands services appelés à pourvoir aux besoins d'une agglomération considérable d'hommes armés; il fallut enfin prévoir ce que les fatigues, les privations, les combats, allaient créer de difficultés, imposer de nécessités fatales.

L'Intendance militaire, tout en acceptant le concours que la Société Internationale de secours aux blessés, les ambulances nées d'une généreuse initiative, étaient venues spontanément lui apporter, avait pour devoir de compléter ses services hospitaliers, de développer ses propres ressources, et de remplir les vides que laissaient dans les hôpitaux militaires, les chefs qu'elle avait dû attacher aux différents corps d'armée. Elle adressa aux médecins de Paris un appel qui ne resta pas sans réponse. Elle sut bientôt qu'elle pouvait, le moment venu, compter sur de sincères dévouements. Le service de santé se préoccupa de l'installation, sur différents points de Paris, d'ambulances placées dans les meilleures conditions d'hygiène. Les vastes bâtiments de quelques écoles communales se transformèrent rapidement en salles de fiévreux ou de blessés, et dès la fin de Septembre on put voir tout ce que ces ambulances étaient appelées à rendre de services. Elles étaient d'ailleurs parfaitement organisées. Tout en conservant une sorte d'autonomie, elles se ralliaient à un grand centre hospitalier, dont elles avaient reçu l'impulsion première. De l'unité de vues, résulta l'ensemble dans les efforts, et l'œuvre commune fut poursuivie sans défaillances, sans qu'il se produisît jamais de ces luttes stériles, de ces compétitions vaniteuses dont l'exemple, pour un tout autre ordre de faits, il est vrai, nous fut trop souvent offert dans la longue série de nos malheurs.

L'école communale dirigée par les sœurs de St Vincent de Paul, rue de Reuilly, 77, se pouvait facilement prêter à une transformation de ce genre. De grands bâtiments, largement aérés, des jardins, un personnel nombreux, tout disposé à passer des salles de l'école dans les salles des blessés, à nous apporter le zèle, le dévouement le plus absolu, c'étaient de précieuses ressources dont on se hâta de tirer parti. Là, 200 lits furent installés; tout le matériel nécessaire était fourni par le Val-de-Grâce, et sous la direction d'un officier comptable, M. de Fontenay, tous les services administratifs furent rapidement constitués. — Aussi, le 26 Septembre, l'ambulance militaire de Reuilly, annexe du Val-de-Grâce, put-elle inaugurer un état de choses qui ne devait prendre fin qu'au 1er juillet 1871.

C'est l'histoire de ces neuf mois que nous voulons raconter. Nous avons vu passer sous nos yeux un grand nombre de malades; nous avons vu se succéder toutes les affections aiguës qui ont régné pendant le siége de Paris; nous avons eu à lutter contre des difficultés matérielles qu'il n'était au pouvoir de personne d'écarter; mais, pour nous, comme partout d'ailleurs, la charité se fit ingénieuse, et ce n'aura pas été l'un des côtés les moins touchants de cette dure épreuve de cinq mois, que de voir les malades suffisamment pourvus du nécessaire, trouver à toute heure le même dévouement, la même abnégation de la part de celles qui leur sacrifiaient tout. Nous ne serons que justes en déclarant ici, que les religieuses qui nous ont aidé dans notre tâche, ont droit à notre profonde reconnaissance. Leurs soins, leurs consolations nous ont conservé bien des soldats peu faits encore à la vie militaire devenue tout à coup si rude ; elles ont relevé bien des courages, et certainement, souvent empêché de se produire ces défaillances morales qui apportaient, même aux affections les plus simples, de si redoutables complications.

Notre organisation était toute militaire. Nous relevions directement de l'Intendance et du Val-de-Grâce ; nous étions placés sous les ordres de M. le docteur Mounier, médecin principal de cet établissement.

Le personnel était ainsi constitué :

1° *Service administratif.*	1 officier comptable. 2 commis aux écritures. 2 sergents infirmiers major. 2 caporaux infirmiers-major. 20 infirmiers militaires.
2° *Service médical.* . .	2 médecins traitants : MM. les Drs Andrieux et Motet. 2 aides-major dont le nombre fut, plus tard, porté à quatre. MM. Comperat, Barbelet, Morisson et X.

Les sœurs furent chargées de la dépense, de la cuisine, de l'administration des médicaments dans nos salles, de la distribution des vivres. Elles restèrent sur notre demande, à la tête du service de la pharmacie, dont le bureau de bienfaisance du XIIe arrondissement leur avait donné l'habitude ; et, dans ces délicates fonctions, elle justifièrent la confiance que nous avions eue en elles.

Dans le principe, nous ne devions recevoir que les malades

évacués du Val-de-Grâce; aussi les premiers arrivés furent-ils des convalescents de blessures plus ou moins graves qu'on envoyait achever de se guérir dans un milieu moins encombré. Mais, par la force même des choses, nos services ne tardèrent pas à se peupler d'affections aiguës, et les mobiles installés dans les baraquements des boulevards environnants, nous fournirent un nombreux contingent. Nous ne recevions pas les varioleux; dès qu'il se présentait dans nos salles un cas de variole, nous le dirigions immédiatement sur Bicêtre. Chaque matin, un fourgon d'ambulance venait prendre les soldats atteints de cette maladie, et grâce à cette précaution si sage, grâce à la régularité avec laquelle se firent les évacuations, nous n'eûmes pas de contagion. Les affections syphilitiques avaient, elles aussi, un hôpital spécial, il n'entra donc dans nos services que des fiévreux et des blessés.

Voici, mois par mois, le chiffre des entrées.

	FIÉVREUX.	BLESSÉS.	
1870. Septembre...	15	33	
— Octobre.....	177	50	
— Novembre...	144	57	
— Décembre...	131	26	
1871. Janvier......	114	3	
— Février......	168	14	
— Mars........	92	15	
— Avril........	29	3	1 féd. bl.—1 féd. fiév.
— Mai.........	72	106	30 féd. bl.—12 féd. fiév.
— Juin........	74	1	

Total : 1324.

La période active s'étend du 1er Octobre à la fin de Mars; à ce moment, la Commune, dont nous aurons à parler plus tard, mit la main sur notre ambulance ; il nous fallut lutter deux longs mois contre ses exigences, pour reprendre à la fin de Mai et pendant le mois de Juin le fonctionnement régulier qu'elle était venu troubler.

Parmi les soldats de toutes armes qui furent confiés à nos soins, les mobiles représentent un chiffre important. Ces jeunes gens, accourus de tous les points de la France, étaient mal préparés à la vie pénible qui leur était tout à coup imposée. Pour les uns, la brusque séparation de la famille, la privation subite du bien-être accoutumé ; pour les autres, un changement complet de régime, et des excès alcooliques que la discipline était impuissante à réprimer ; pour tous, l'agglomération dans des baraques construites à la hâte, l'acclimatement, et surtout les rigueurs d'un hiver exceptionnel, favorisèrent l'explosion de maladies qui, dans tous les hôpitaux, se présentèrent avec le même caractère et que la nostalgie vint trop souvent compliquer. Ce n'était pas le courage qui manquait à ces jeunes gens ; mais, dès leur arrivée à Paris, ils avaient été surpris par l'appareil de la guerre qui leur paraissait d'autant plus terrible que l'histoire de nos revers, trop longtemps dissimulés, leur faisait entrevoir l'immense effort qu'on attendait d'eux. Paris, avec ses longues rues droites, avec ses hautes maisons qui les écrasaient, les étonnait d'abord, les attristait ensuite. Ils cherchaient un coin de ciel, un horizon, et leurs regards se heurtaient à des objets inconnus pour eux, et d'une désespérante monotonie. — Bien souvent, nous les avons entendu exprimer le sentiment d'ennui, de découragement qui s'emparait d'eux, mais qui diminua cependant, quand ils trouvèrent dans ce même Paris, contre lequel ils gardaient une instinctive méfiance, des soins, des sympathies sur lesquels ils n'avaient pas compté.

A la fin de mars, sur 1040 entrés nous comptions 419 mobiles. Ce chiffre, pour avoir une valeur absolue, devrait être mis en regard des admissions dans toutes les autres ambulances, et comparé au chiffre total des mobiles présents à Paris. Nous l'avons relevé à titre de renseignement, et nous donnons les départements d'origine des malades que nous avons traités.

DÉPARTEMENTS.	MALADES.	DÉPARTEMENTS.	MALADES.
Vendée	121	Somme	12
Morbihan	4	Saône-et-Loire	19
Ile-et-Vilaine.	8	Loiret	16
Finistère.	39	Aisne	4
Côtes-du-Nord . . .	2	Côte-d'Or	26
Tarn	2	Marne.	2
Ain.	30	Hérault	7
Aube	23	Seine	16
Seine-et-Marne	9	Seine-Inférieure . . .	11
Seine-et-Oise.	3	Yonne.	1
Vienne	17	Eure.	1
Indre	32	Charente.	2
Puy-de-Dôme.	9	Loire-inférieure. . . .	3
Total.	419		

Tous ces jeunes gens étaient atteints d'affections aiguës. Le nombre des blessés fut assez peu considérable pour qu'il nous ait paru sans intérêt de les signaler à part. Mais le rapprochement entre les admissions et les décès chez les mobiles est assez curieux à établir. La mortalité se répartit ainsi :

DÉPARTEMENTS.	DÉCÈS.	
Vendée	19	Fièvre typh., 6; Pneumonie, 5; Méningite, 1; Broncho-Pneumonie et Rougeole, 1; Phthisie, 1; Anémie-Nostalgique, 2; Cachexie-Palustre, 1,
A reporter.	19	

DÉPARTEMENTS.	MALADES.	
Report	19	
Ille-et-Vilaine. . . .	2	Scarlatine, 1; Broncho-pneumonie, 1.
Morbihan.	1	Broncho-pneumonie, 1.
Finistère	4	Fièvre typhoïde, 2.
Côtes-du-Nord	1	Fièvre typhoïde, 1.
Aube	2	
Ain	1	
Seine-et-Marne. . . .	2	
Vienne.	3	
Indre	4	
Puy-de-Dôme.	1	
Somme.	1	
Saône-et-Loire.	1	
Loiret	2	Fièvre typhoïde, 1.
Côte-d'Or	1	
Marne	1	
Seine.	1	Phthisie.
Total.	47	

Ce qui donne une proportion de 11, 22,0/0. Chiffre plus élevé que celui de la mortalité générale, ainsi qu'il ressort du tableau suivant, où les décès sont relevés mois par mois.

	DÉCÈS.		DÉCÈS.
1870. Octobre	6	1871. Mars	13
— Novembre . . .	10	— Avril	12
— Décembre . . .	29	— Mai	11
1871. Janvier	24	— Juin.	10
— Février	8		

Total. 123

Entrées, 1324. — Décès, 123. = 10,76 p. 100.

Le relevé des causes de la mort indique déjà la persistance des fièvres typhoïdes, qui, presque tous les mois ont fait de nombreuses victimes. On y retrouve aussi l'expression exacte des différentes constitutions médicales qui se sont succédées, et, dans les mois où se sont livrés les combats sous Paris, plus particulièrement pour nous au mois de décembre, après les batailles de Villiers et de Champigny, l'infection purulente apparaît. Nous aurons occasion plus loin de revenir sur ces faits.

Mois	Cause	Nombre
Octobre. 6 d.	Infection purulente	2
	Fièvre typhoïde	2
	Dyssenterie	1
	Commotion cérébrale, rupture du foie, suite de chute	1
Novembre. 10 d.	Fièvre typhoïde	4
	Scarlatine	1
	Hémorrhagie intestinale	1
	Pneumonie	2
	Méningite	1
	Rhumatisme	1
Décembre. 29 d.	Infection purulente	13
	Fièvre typhoïde	7
	Rougeole	1
	Pneumonie	4
	Tubercules pulmonaires	2
	Cachexie-palustre	1
	Anémie (nostalgie)	1
Janvier. 24 d.	Infection purulente	2
	Plaie pénétrante de poitrine	1
	Fièvre typhoïde	7
	Diarrhée	1
	Broncho-pneumonie	5
	Pleurésie	1
	Pneumonie	3
	Anémie	3
	Nostalgie	2
	Méningite	1

Mois	Cause du décès	Nombre
Février. 8 d.	Diarrhée chronique	1
	Fièvre typhoïde	3
	Pneumonie	3
	Méningite	1
Mars. 13 d.	Fièvre typhoïde	5
	Broncho-pneumonie	3
	Rougeole et broncho-pneumonie	1
	Pleurésie chronique et tubercules pulmonaires	1
	Tubercules pulmonaires	1
	Scorbut, fièvre hectique	1
	Entérite chronique	1
Avril. 12 d.	Broncho-pneumonie	2
	Phthisie	4
	Fièvre typhoïde	1
	Pneumonie	2
	Affection org. du cœur	1
	Scorbut	1
	Diarrhée chronique	1
Mai. 11 d.	Tubercules cérébraux	1
	Tub. pulmonaires	3
	Fièvre typhoïde	2
	Méningite cérébro-spinale	1
	Blessures par arme à feu	1
	Fédérés apportés mourants	3
Juin. 10 d.	Fievre typhoïde	5
	Infection purulente	3
	Péritonite tuberculeuse	1
	Anémie	1

En résumé, les maladies qui ont été le plus souvent suivies de décès, sont :

1° La fièvre typhoïde	36 décès.
2° La pneumonie et la broncho-pneumonie	25 —
3° L'infection purulente	20 —
4° La phthisie	11 —

Pour les autres causes de décès, les affections intestinales, l'anémie, quelques cas de méningite, de scorbut, de maladies du cœur, complètent le chiffre de 123.

Si nous avions pensé que, dans nos salles, le nombre des blessés l'emporterait de beaucoup sur le nombre des fiévreux, nous aurions été vite détrompés. A peine étions-nous installés que nos lits étaient occupés par des malades atteints pour la plupart d'embarras gastriques d'abord, puis de dyssenteries. Ce fut la constitution médicale du mois d'octobre. Les embarras gastriques simples ou fébriles cédaient vite. Il n'en fut pas de même des dyssenteries et d'un certain nombre de diarrhées qui se montrèrent d'une ténacité extrême. Elles se compliquaient de douleurs intestinales très-vives, que ne calmaient pas les préparations d'opium. Il fallut souvent varier la médication pour les combattre ; si dans le plus grand nombre des cas, l'ipéca, ou un purgatif salin suffirent pour les enrayer, il y en eut d'autres plus rebelles qui résistèrent au bismuth, à l'opium en potions et en lavements, et qui ne se modifièrent que par la médication astringente patiemment continuée. Dans ces cas de diarrhée, qui se montrèrent pendant toute la durée du siége, tantôt plus rares, tantôt plus nombreux, nous eûmes à nous louer beaucoup de l'usage de la viande crue, et nous l'avons administrée sous forme de boulettes roulées dans du sucre et arrosées d'un peu de rhum, aussi longtemps qu'il nous fut possible de nous en procurer.

A la fin d'octobre et jusqu'à la moitié environ du mois de novembre, nous ne vîmes presque que des bronchites, des amygdalites, des otites, suivies d'abondantes otorrhées. L'appareil inflammatoire fut parfois assez intense, rarement cependant il nécessita les émissions sanguines. Ces affections légères se comportèrent comme elles le font d'ordinaire chez les jeunes gens, et la plupart arrivèrent à la guérison dans le courant du premier septénaire. Ce furent surtout les mobiles qui nous les présentèrent, en même temps que des douleurs rhumatismales assez vives. Nous n'avions pas à en chercher bien loin la cause. Elle était dans les conditions même où vivaient ces jeunes soldats. Les baraques étaient fort incomplétement closes; sous le plan incliné qui servait de lit de camp, circulait entre les planches et le sol, un torrent d'air froid d'autant plus rapide, que l'air échauffé de la chambrée lui faisait un appel plus énergique. Cet inconvénient grave cessa, en partie du moins, quand on eut pris la précaution d'entourer de planches clouées à l'extérieur, à une hauteur d'un mètre cinquante-centimètres du sol environ, les baraques enveloppées seulement jusque-là d'une toile trop peu serrée. Les rhumatismes articulaires aigus furent assez rares; ceux qui en étaient atteints avaient été déjà pris, c'était une récidive provoquée par les conditions particulières dans lesquelles se trouvaient des sujets prédisposés.

Ce qui nous frappa dès les premiers jours, ce fut l'aptitude de tous nos malades à délirer. Avec un mouvement fébrile modéré, pour des affections aiguës franches, il survenait presque aussitôt un délire vague, sans excitation le plus souvent, caractérisé surtout par un bavardage incohérent. Une seule fois le délire eut un caractère plus actif chez un mobile de la Côte-d'Or atteint d'une amygdalite double; il eut des visions terrifiantes; il ne cessait de se lamenter, se croyait perdu, et trouvant, en raison même de l'état saburral des premières voies, une saveur désagréable à tout ce qu'on lui offrait, il en arriva à refuser systématiquement les bouillons et les tisanes dans la crainte qu'on ne cherchât à l'empoisonner. Ces délires étaient très-fugaces, ils disparaissaient quand l'état fébrile tombait; mais il nous a paru intéressant de les signaler, car nous les avons toujours retrouvés avec les mêmes caractères.

Au 30 novembre, l'ambulance de Reuilly eût à donner asile à un grand nombre de blessés des combats de Villiers et de Champigny. Nous avions été prévenus par l'Intendance militaire, et nous avions évacué sur des ambulances privées tous ceux de nos malades qui n'avaient plus besoin d'une intervention médicale journalière. Nous disposions de cinquante lits qui furent occupés dès le soir même. Ici se produisit un incident, que nous avions prévu, et dont il ne nous avait pas été possible d'empêcher les conséquences forcées, d'ailleurs. L'hôpital Saint-Antoine avait été choisi comme hôpital répartiteur du 2e secteur. Tous les malades et les blessés de la région devaient y être portés, pour être de là dirigés sur les ambulances privées. C'était là que se devaient faire les distributions de viande, destinées à assurer le régime alimentaire des malades. La mesure était bonne s'il s'agissait des ambulances particulières, où l'on ne devait envoyer que des cas sans gravité ; elle devenait une source d'embarras et de conflits pour nous, elle avait de plus l'immense inconvénient de paralyser nos efforts, de les rendre inutiles ; il n'était pas nécessaire, en effet, d'avoir des services régulièrement organisés au point de vue médical et administratif, pour ne recevoir que des individus légèrement atteints, et auxquels auraient suffi des soins dans une ambulance privée. D'un autre côté, le Val-de-Grâce qui ne cessait pas de nous considérer comme une de ses annexes, nous envoyait directement des malades, et obligés que nous étions de faire connaître à deux endroits différents le mouvement de chaque jour, nous recevions des deux côtés à la fois. Nous avions demandé à être affranchis de la domination de l'hôpital Saint-Antoine, et M. de Fontenay, notre officier comptable, dut signaler tous les embarras qu'elle nous causait, pour nous faire rentrer enfin exclusivement sous l'autorité de l'Administration militaire, à laquelle seule nous voulions obéir. Le 30 novembre, le vice de cette organisation, en ce qui nous concernait, fut évident. Les voitures d'ambulance de l'Intendance nous amenaient, du champ de bataille des blessés gravement atteints, auxquels des secours immédiats étaient nécessaires, l'hôpital Saint-Antoine de son côté nous envoyait des contusions, des blessures légères; nous ne pouvions hésiter, et en présence des circonstances qui dictaient la conduite à suivre, nous n'eûmes aucun scrupule à nous faire répartiteurs nous-mêmes, et à diriger chez des particuliers qui jusque-là avaient reçu nos convalescents, les soldats qui nous paraissaient pouvoir sans inconvénient, sans danger, se passer de soins continus.

Il en résulta pour nous une réunion dans nos services de cas chirurgicaux graves, du plus haut intérêt scientifique. Nous n'aurions pu suffire à ce surcroît de travail, si nous n'avions trouvé dans M. le docteur Mathieu, professeur agrégé du Val-de-Grâce, un concours aussi bienveillant que dévoué. Il voulut bien se charger des grandes opérations, et dans ces moments difficiles, nous aider de ses conseils, de son expérience. Tout sembla d'abord répondre à nos efforts : tandis que l'infection purulente décimait les malades dans les hôpitaux, dans les grandes ambulances de la société Internationale, de la Presse, nous n'avions pas encore perdu un seul de nos blessés, et nous étions arrivés au 20 décembre, sans décès. Nous espérions que, dans ces salles qui, pour la première fois abritaient des malades, nous échapperions à toute influence nosocomiale fâcheuse. Mais, nous fûmes déçus dans ces espérances. Le 20 décembre apparut le premier frisson chez un jeune homme de 19 ans, franc-tireur des Amis de la France, qui avait reçu une balle au niveau de la tubérosité externe du tibia gauche. Le projectile avait broyé une partie de la tubérosité et la tête du péroné, la capsule articulaire avait été déchirée, et après avoir produit ces désordres, la balle était sortie en arrière, au-dessous du creux poplité, sans avoir blessé les vaisseaux. — L'amputation était indiquée, le malade ne voulut pas l'accepter, il succomba. A partir de ce moment, l'infection purulente fut aussi meurtrière pour nous qu'elle l'avait été pour tous les hôpitaux ; rien ne put l'arrêter. Nous dispersâmes nos blessés, ils succombèrent malgré tout ; et, dans une salle de vingt-deux lits, onze soldats moururent en huit jours. Ils furent suivis, en quelque sorte par l'infection, même dans les salles nouvelles où nous les avions placés, et qui jusqu'alors n'avaient pas été infectées.

Nous ne voulons pas, à ce sujet, discuter la question de l'infection purulente, nous nous bornerons à affirmer ce que nous avons vu. Les conditions morales des blessés étaient mauvaises; ils étaient découragés, ils manquaient de confiance; mais aucun de ceux que nous avons vus n'avait d'habitudes alcooliques. C'étaient, à part deux tout jeunes soldats et un franc-tireur, des hommes robustes, rompus au métier, et qui avaient fait, avec le général Vinoy, une longue et difficile retraite. Ceux qui succombèrent n'étaient pas différents de ceux qui survécurent, au point de vue de la résistance physiologique. La gravité de la blessure ne fut pour rien dans l'issue funeste; nous avons vu mourir un soldat qui n'avait perdu que la première phalange de l'indicateur gauche; un autre qui n'avait qu'une plaie peu profonde avec une érosion légère de l'épine de l'omoplate, et nous en avons vu guérir après des délabrements profonds de la main, avec esquilles nombreuses, après une amputation de cuisse faite dans les conditions les moins favorables; pourquoi ceux-ci ont-ils échappé au fléau qui sévissait autour d'eux; pourquoi ceux-là ont-ils été emportés? Nous n'en savons rien, et quelque soin que nous ayions mis à observer ce qui se passait sous nos yeux, nous n'en avons pu trouver, et nous n'en trouvons pas aujourd'hui encore d'explication satisfaisante.

Les pneumonies, les broncho-pneumonies, la fièvre typhoïde, régnèrent pendant les mois de décembre, janvier et février : il y eut beaucoup de cas graves. Le froid était excessif, les conditions générales de la vie de plus en plus difficiles. Les malades atteints d'affections des voies respiratoires présentèrent presque tous l'état typhoïde comme complication de la maladie première. Ils offraient peu de résistance, et l'on eût été mal inspiré, si, ne tenant compte que des phénomènes inflammatoires parfois très-aigus, on eût voulu employer la médication antiphlogistique. Les contro-stimulants nous rendirent beaucoup plus de services ; aidés des révulsifs cutanés, ils triomphèrent des cas les plus menaçants. Seulement, dès que la résolution tendait à s'établir, nous avions à lutter contre des symptômes d'adynamie profonde. Nous ne pouvions plus donner à nos malades ni lait, ni de ces aliments de digestion facile qui permettent la réparation des forces. L'extrait mou de quinquina fut pour nous un précieux agent, et dans toutes les maladies où dominait l'état typhoïde, c'est à lui que nous avons dû de pouvoir conduire à bonne fin des convalescences lentes à s'établir, traversées par des rechutes quand il s'agissait de broncho-pneumonies, par des troubles gastro-intestinaux quand il s'agissait de fièvres typhoïdes.

Les broncho-pneumonies furent nombreuses et graves pendant tout cet hiver. Il y eut des cas rapidement mortels ; les médications les plus énergiques, les révulsifs et les dérivatifs les plus puissants, restaient sans action. Ceux des malades qui succombèrent ainsi, nous furent amenés dans un état demi-asphyxique, indiquant de la manière la plus formelle une émission sanguine ; d'autres en apparence aussi gravement atteints et soumis au même traitement en obtinrent les meilleurs résultats ; nous pûmes voir ce qui se rencontre assez fréquemment dans les pneumonies des adultes, c'est que ce ne sont pas toujours les constitutions les plus robustes qui résistent le mieux à la maladie.

Vers la fin de février et pendant le mois de mars, nous reçûmes un certain nombre de soldats atteints de bronchites suspectes. Nous n'avons pas pu les suivre longtemps, mais la ténacité de la toux, les retours périodiques de la fièvre vers les premières heures de la nuit, les sueurs, en l'absence des signes stétoscopiques, nous autorisaient à penser que nous assistions au début de l'évolution tuberculeuse. Il y eut peu de tuberculisations aiguës, nous nous attendions à les rencontrer beaucoup plus souvent. Il en fut de même des pleurésies, dans lesquelles les épanchements se résorbèrent assez vite, et ne furent jamais assez abondants pour que la thoracocentèse nous parût indiquée.

C'est surtout dans la période qui s'étend du mois de décembre aux premiers jours de février que nous observâmes la nostalgie. Nous ne la vîmes cependant jamais arriver d'emblée à la dépression mélancolique profonde, et constituer à elle seule la maladie. Elle se montra plutôt comme complication, et dans plusieurs cas, elle hâta la terminaison fâcheuse. De ce côté, notre ambulance n'éprouva pas de pertes nombreuses. Nous n'hésitons pas à attribuer ce résultat aux soins de nos religieuses; elles furent aidées par plusieurs dames dont nous regrettons de ne pouvoir citer les noms, et qui vinrent régulièrement plusieurs fois chaque semaine soutenir, encourager les mobiles des départements de la Bretagne et de la Vendée; elles parlaient leur dialecte, elles connaissaient leur pays, elles faisaient cesser pour eux l'isolement, leur rappelaient la patrie absente, et leur rendaient la confiance qu'ils avaient perdue. Nous vîmes quelques cas encore pendant le triste règne de la Commune, se produire chez des soldats convalescents, et qui, désespérant de pouvoir quitter Paris, se laissaient aller au découragement, ne s'alimentaient plus, devenaient anémiques, et ne se relevaient plus.

Nous n'avons eu à traiter qu'un très-petit nombre de cas de scorbut. Rarement il fut grave : les premiers malades nous vinrent dans le courant du mois de mars. Sous ce rapport nos observations ne sont pas comparables à celles que recueillirent plusieurs médecins des hôpitaux, qui, dès le mois de décembre avaient déjà un grand nombre de scorbutiques dans leurs salles. Nous ne vîmes le plus souvent que le purpura, les ecchymoses étendues des membres inférieurs, très-peu de gonflements articulaires, et très-rarement encore ces cachexies profondes auxquelles succombaient les malades.

Le 18 mars vint nous surprendre au moment où l'intendance

se disposait à évacuer nos services. En quelques jours, tout fut désorganisé ; nous restions avec 180 soldats, malades et convalescents. Nous pûmes espérer tout d'abord qu'il nous serait possible de faire quitter Paris à ces derniers, mais notre illusion fut de courte durée. La Commune retirait d'une main les laissez-passer qu'elle avait signés de l'autre, et nous nous exposions en délivrant des congés de convalescence à voir nos malheureux soldats arrêtés et ramenés dans les casernes où on essayait de les embaucher pour le service de l'insurrection. Cependant nous étions restés à peu près tranquilles jusqu'aux premiers jours d'avril, lorsqu'il se produisit un fait qui eut immédiatement les plus fâcheuses conséquences.

Il y avait dans nos services deux gendarmes convalescents; M. de Fontenay avait obtenu pour eux des laissez-passer; ils devaient quitter l'ambulance le lendemain, lorsqu'ils furent dénoncés par l'un de ces misérables qui servaient d'espions au comité central. Avertis à temps, ils purent échapper aux recherches; on leur fit revêtir un uniforme de mobiles, on favorisa leur évasion; mais comme les renseignements étaient précis, on se livra aux investigations les plus sévères. On ne les trouva pas; les perquisitions se multiplièrent, et avec la rage aveugle qui possédait les fédérés et leurs chefs, on s'imagina que l'ambulance de Reuilly était un centre de réaction, que nos malheureux soldats n'attendaient qu'un signal pour prendre les armes qu'on supposait cachées dans les caves, ainsi que l'argent qui devait servir à payer leur résistance à la Commune. Une fois lancés dans cette voie, les membres du comité du XIIe arrondissement ne s'arrêtèrent plus. Un piquet de 50 hommes envahit l'ambulance, et alors commencèrent des scènes de désordre d'autant plus odieuses, que la violation d'une maison hospitalière, à laquelle se livraient des gardes nationaux avinés, n'avait ni prétexte, ni excuse. Nous protestâmes de toutes nos forces, et nous nous rendîmes avec

M. de Fontenay, l'officier comptable, pour réclamer au comité de la 12e légion contre des actes d'un révoltant arbitraire. Nous fûmes tout d'abord assez mal accueillis. L'évasion des deux gendarmes avait fait du bruit dans le quartier, nous étions suspects, peu s'en fallut qu'on ne voulût nous rendre responsables de leur disparition. Cependant le colonel de la 12e légion, présidant la séance, tourna toute sa colère contre Madame la Supérieure : il la regardait comme un agent secret, chargée de répandre les plus mauvaises doctrines, et pourvue de sommes considérables à l'aide desquelles elle soudoyait des affiliés de Versailles. Il allait donner l'ordre de l'arrêter immédiatement. Quant à nous, citoyens médecins, il fallait nous laisser faire tranquillement notre besogne, mais il aurait l'œil sur nous. D'un ton moitié bourru, moitié satisfait de la petite harangue qu'il venait de débiter, il dicta à son secrétaire une formule de sauf-conduit que nous reproduisons textuellement :

Le citoyen..... docteur en médecine, médecin traitant à l'ambulance, 77, rue de Reuilly, est par son caractère inviolable. Les gardes nationaux lui devront aide et protection, et le laisser (*sic*) circuler librement dans l'intérieur de Paris.

Paris, 10 avril 1871.

Signé : le Colonel commandant la 12e légion.

Ce n'était là que le commencement des difficultés : prévenue par nous, Madame la Supérieure quitta la maison de Reuilly, le soir même elle était en sûreté. Mais les religieuses qui restaient eurent à subir toutes les vexations de la part de ces hommes stupidement soupçonneux. Ils fouillèrent de tous côtés, cherchant deux mille chassepots qui n'avaient jamais existé que dans leur imagination. Nos braves soldats parvinrent à soustraire à leurs recherches les ornements, les vases sacrés, les statues de la chapelle; les fédérés ne trouvèrent à briser que deux statues dans le jardin ; ils trouvèrent aussi autre chose qui satisfit mieux leurs goûts et leurs habitudes ; sept barriques de vin destinées aux malades restaient dans la cave, elles disparurent en trois jours, et nous eûmes le spectacle honteux de l'ivresse permanente chez les gardes nationaux qui occupaient les bâtiments de la communauté, chez les femmes qui avaient pris possession de la cuisine, remplaçant les sœurs qu'on avait chassées. Ce fut un tel désordre, un tel gaspillage, que le comité, peu scrupuleux cependant, fut obligé d'intervenir. Nous ne cessions de nous plaindre, nos malades recevaient leurs vivres à des heures irrégulières, ils n'avaient pas dîné le 12 avril, à neuf heures du soir. Le matin, le poste avait fait main basse sur le chocolat des malades, et ce qui rendait plus révoltante encore cette brutalité, c'est que les hommes et les femmes qui se livraient à ces excès, qui n'avaient eu pour les religieuses aucun sentiment de respect, avaient été assistés par elles pendant les plus mauvais jours du siége, que leurs enfants avaient été dans leurs classes, et que la plupart, inscrits au bureau de bienfaisance de l'arrondissement avaient été secourus par elles. Ce qui excitait plus particulièrement leur haine contre la maison de Reuilly, c'était l'hospice d'Enghien, qu'ils savaient être une institution appartenant à une illustre famille. Pendant toute la durée du siége, vingt lits avaient été occupés par des malades et par des blessés. Ce qui devait inspirer des sentiments de pieuse reconnaissance, excitait leur bestiale convoitise ; il devait y avoir là beaucoup d'argent, et comme ils n'en avaient pas trouvé, ils étaient dans un état d'exaspération continue. Ils voulaient voir partout des suspects, et ne rencontrant que de pauvres vieillards infirmes, ils étaient toujours sur le qui-vive. Ils finirent cependant par se calmer, et comme la vie qu'ils s'étaient faite leur était assez douce, ils n'eurent bientôt plus d'autre préoccupation que de s'assurer qu'ils ne seraient pas troublés dans leur paresseuse jouissance.

Nous avions refusé de recevoir comme infirmières dans nos services les ambulancières de la Commune ; ces citoyennes, par trop zélées, que nous avions vues à l'œuvre à la cuisine, à la dépense, ne nous inspiraient aucune confiance ; nous trouvâmes parmi nos convalescents des auxiliaires pour nos infirmiers militaires, et nous pouvons rendre à ces hommes cette justice, que dans ces jours difficiles, ils firent preuve d'autant de dévouement que de prudence. A un moment où il n'y avait plus de discipline, où, livrés à eux-mêmes, sans chefs pour ainsi dire, ils auraient pu céder à des suggestions mauvaises, ils restèrent respectueux pour nous, attendant avec un patiente résignation que l'heure de la délivrance eût enfin sonné. Cette attente était pénible pour un grand nombre, qui, guéris depuis longtemps, étaient prêts à tout tenter pour aller rejoindre leurs camarades. Nous leur fîmes comprendre que le mieux encore était de rester avec nous, et bien que les circulaires de l'intrus qui s'était installé aux bureaux de l'Intendance nous aient plus d'une fois donné l'ordre de diriger les soldats en bonne santé sur la caserne du Prince-Eugène, nous n'avons pas voulu signer d'autres sorties que celles qui nous furent demandées par des hommes qui, à leurs risques et périls, essayèrent de franchir les portes.

Voici textuellement reproduites les circulaires qui nous furent adressées.

COMMUNE DE PARIS.

—

INSPECTION GÉNÉRALE
DES
AMBULANCES

—

CABINET
DE
L'INSPECTEUR GÉNÉRAL.

RÉPUBLIQUE FRANÇAISE.

LIBERTÉ. — ÉGALITÉ. — FRATERNITÉ

—

Paris, le 2 mai 1871.

Au citoyen Directeur de l'hôpital du Val-de-Grâce.

Suivant les instructions du Général délégué à la guerre, tous les militaires sortants (sans exception de grades) qui doivent être incorporés dans la Garde Nationale, doivent être présentés sous vos auspices à la Mairie de votre arrondissement, à moins qu'ils manifestent eux-mêmes une préférence pour un bataillon. Dans ce cas vous auriez l'obligeance de les faire accompagner à la Mairie à laquelle appartiendrait le bataillon de leur choix.

Si, au contraire, ils ne veulent point faire partie de la Garde Nationale, il faut les envoyer sous escorte à la caserne de la Garde Nationale (caserne du Prince-Eugène).

Veuillez, citoyen Directeur, prendre bonne note du présent avis, en ayant soin, chaque fois que l'occasion se présentera, de nous informer de la décision prise par les intéressés.

Salut et Égalité.

Le Secrétaire général.

Signature illisible.

Il est bien entendu que les gardes-mobiles sont également soumis à cette mesure.

Soit notifié à M. le Directeur de l'ambulance de Reuilly, pour exécution.

Jusque-là le ton n'était pas trop comminatoire, mais comme les ordres restaient sans réponse de notre part, aussi bien que de la part de nos collègues, le citoyen Inspecteur général prit « lui-même » la plume et rédigea le factum menaçant qui nous fut envoyé le 13 mai.

COMMUNE DE PARIS.

—

INSPECTION GÉNÉRALE
DES
AMBULANCES
AVENUE VICTORIA.

—

CABINET
DE
L'INSPECTEUR GÉNÉRAL.

RÉPUBLIQUE FRANÇAISE.

LIBERTÉ. — ÉGALITÉ. — FRATERNITÉ.

—

Paris, 10 mai 1871.

Au citoyen, Directeur, médecin en chef de l'hôpital militaire du Val-de-Grâce.

Citoyen,

Le citoyen délégué à la guerre vient de me prescrire l'envoi aux casernes du Prince-Eugène ou de Reuilly de tout militaire sortant des hospices militaires ou ambulances.

En même temps la commission exécutive et le comité de sûreté générale me signalent les faits des plus graves.

Des soldats de la ligne, m'écrivent-ils, quittant les hôpitaux ou ambulances, soit par billet de sortie, soit à l'aide d'un congé de convalescence, sortent de Paris, et bon nombre d'entre eux, arrêtés en chemin auraient été dirigés sur l'armée de Versailles.

J'appelle votre attention toute particulière sur ces faits très-graves et vous rends personnellement responsable de l'exécution en ce qui vous concerne des prescriptions de la délégation de la guerre.

Toute infraction sera immédiatement déférée à qui de droit et le coupable sera considéré comme ayant eu des intelligences avec l'ennemi.

Salut et Égalité.
L'inspecteur général des ambulances.
Signé : BERNARD.

Copie conforme adressée à M. le médecin en chef de l'ambulance de Reuilly, le 13 mai 1871.

La situation devenait chaque jour plus embarrassante. Nous n'avions pas envie de tenir compte de ces ordres, et nous pensions que le mieux était de continuer à visiter chaque jour nos militaires, pour les encourager à attendre patiemment. Mais il était difficile de dissimuler aux yeux du citoyen délégué à la Mairie du XIIe arrondissement, le grand nombre d'hommes valides que nous maintenions dans nos salles. Quelques fédérés étaient entrés dans nos services, et ils essayaient de pratiquer l'embauchage; ils n'y réussirent pas ; et le citoyen délégué qui trouvait commode de venir dîner presque tous les jours à l'ambulance, voyant se promener dans le jardin des hommes avec toutes les apparences de la santé, nous dépêcha un de ses acolytes pour nous intimer l'ordre de faire sortir tous les soldats valides. Ce citoyen plus empressé qu'instruit, ayant des choses de la médecine une connaissance fort insuffisante, vint inspecter nos services, et n'osa pas prendre à lui seul une détermination. Nous n'avions trouvé devant lui aucun de nos soldats en état de sortir, et nous savions combien était vive la préoccupation de ces malheureux qui tremblaient qu'on ne les enrolât de force dans les rangs des défenseurs de la Commune. Ce qui s'était passé sous leurs yeux, les orgies des gardes nationaux dans les bâtiments de la communauté, leur inspirait le plus profond dégoût ! Pendant quelques jours, on nous laissa tranquilles ; puis, on revint à la charge, et comme déjà les succès de l'armée de Versailles nous faisaient espérer une solution prochaine, nous avions pris le parti d'opposer, non pas une résistance ouverte, qui eût été pleine de périls, mais une inertie complète vis-à-vis de toutes les demandes qui nous étaient adressées.

Le 23 mai, au matin, nous voyons arriver le préposé à la surveillance de l'Ambulance par le citoyen délégué à la mairie du XIIe. Il était suivi d'un autre citoyen en costume de chirurgien major de la garde nationale. Tous les deux étaient chargés d'examiner les soldats, et de désigner après examen ceux qui devaient aller travailler aux barricades du quartier. Je protestai contre cette mesure, et ne pouvant m'y opposer, je voulus du moins sauvegarder ceux qui, souffrants encore, étaient réellement incapables de tout travail. La liste qui fut laissée par nous ne fut pas respectée tout entière par ce citoyen qui n'avait du médecin que le costume, et qui se montra de la plus honteuse ignorance dans sa visite. Il envoya entre autres à la barricade de la rue de Reuilly, un soldat atteint d'emphysème pulmonaire qui fut ramené le soir par ses camarades avec des accidents de suffocation d'une redoutable gravité. Le lendemain, le quartier était en feu, l'armée arrivait lentement, mais on la sentait là, plus près de nous. C'était un spectacle émouvant et terrible que celui qui nous était offert; avec leur habitude du tir, nos soldats, l'oreille attentive reconnaissaient le feu des tirailleurs versaillais; ils étaient prêts, n'attendant qu'un signal pour arborer sur l'ambulance le drapeau tricolore, et pour désarmer le poste de gardes nationaux dont l'attitude hostile jusque-là, devenait peu à peu plus embarrassée. Quand les premiers coups de feu se firent entendre à la barricade du haut de la rue de Reuilly, ce fut le signal; en un clin d'œil le poste fut désarmé, la porte solidement barricadée, et quelques-uns de nos soldats armés enfin, se disposèrent à faire bonne garde. Un brigadier de gendarmerie et un sergent d'administration allèrent planter le drapeau national, sur le toit, et l'attachèrent à une cheminée. Les fédérés tirèrent sans les atteindre, et ne sachant pas si le danger qui les menaçait par derrière n'était pas aussi à craindre que l'attaque de face, ils firent rapidement une prudente retraite vers le faubourg St-Antoine. La rue de Picpus fut prise presque en même temps, et dans nos salles où avait si longtemps régné la tristesse, éclata une joie immense. Les camarades étaient là, les lits furent vite faits pour les blessés, et avec une rapidité qui tenait du prodige, tous ces hommes que dévorait l'ennui, reprirent leur physionomie, leur attitude accoutumées, l'ordre rentra dans l'ambulance; et quand, après trois jours de mortelles angoisses, pendant lesquels, enveloppés par la lutte, nous n'avions pu sortir, nous pûmes enfin revenir à notre service, nous ne pûmes nous défendre d'une émotion profonde : nous retrouvions la discipline là où quelques jours auparavant s'étalaient l'impudence, le cynisme et l'ivresse, et nous nous sentions prêts à reprendre courageusement la tâche que les événements nous avaient préparée.

L'ambulance de Reuilly, par sa situation même était destinée à rendre encore de signalés services. La plupart des lits étaient occupés par des soldats depuis longtemps guéris, et que nous avions été assez heureux de conserver jusqu'à la fin. Le dimanche matin, nos salles étaient déjà pleines ; pendant quelques jours notre population s'éleva à 287 malades et blessés ; peu de cas très-graves cependant. Il y eut en tout deux amputations de la cuisse, deux amputations de la jambe, une plaie pénétrante dans la région lombaire, la seconde vertèbre lombaire avait été écrasée, la moelle complétement broyée. Un nombre considérable de blessures en séton, et plusieurs cas de déchirures étendues des doigts, de blessures de la main par explosion du chassepot. Le chiffre de la mortalité fut peu élevé cependant. Un des amputés de la cuisse succomba, l'autre guérit ; si en effet l'on se reporte à notre tableau statistique, on ne trouve que trois décès dans le mois de juin, par suite de blessures, et cependant nous avons reçu 77 blessés.

Mais il faut dire aussi que nous n'avions pas de ces vastes délabrements tels que les produit l'éclat d'obus, et surtout, que nous avions affaire à des hommes dans des conditions physiques et morales bien différentes de celles que nous observions pendant le siége. Si jamais il fut évident que la discipline et le respect de soi, la régularité dans le genre de vie, sont les conditions premières de l'hygiène du soldat, ce fut dans ces jours de guerre civile : plus d'ivrognerie à ce moment, plus de laisser-aller, le soldat couchait dans la rue, mais il était sobre; il était soutenu par le sentiment du devoir; il faisait pas à pas la conquête de Paris sur le désordre; sa marche était lente, mais sûre, et au spectacle de la dévastation sauvage qui s'accomplissait, il se battait avec entrain, sans défaillance. Blessé, il n'était pas démoralisé, et pouvait facilement résister à ces causes qui avaient si tristement agi sur les soldats de Villiers et de Champigny. L'infection purulente ne nous fit perdre que trois blessés; elle s'éteignit sur place; et dans tous les autres cas, les plaies même profondes, après des accidents inflammatoires qui ne furent jamais très-aigus, se comportèrent simplement, et arrivèrent assez rapidement à guérison.

Le mode de pansement des plaies a varié suivant les indications qui se présentaient. Nous nous étions bien trouvé, pendant le siége, des pansements et des lavages avec l'eau alcoolisée, le liquide iodo-tannique, l'eau phéniquée; ces différents agents nous rendirent les mêmes services pendant cette seconde période. Peut-être avons-nous dû l'absence d'infection purulente, ou pour mieux dire, son extinction sur place, à la suppression complète des éponges dans le lavage des plaies.

Il y eut pendant le mois de juin quelques fièvres typhoïdes dont les unes prirent la forme ataxo-adynamique, et furent suivies de mort vers la fin du second septénaire, les autres bénignes, parcoururent sans accidents sérieux les phases de leur évolution. Des embarras gastriques fébriles se montrèrent en même temps, mais il n'y eut pas à bien dire, de constitution médicale prédominante. et l'état sanitaire de l'ambulance resta satisfaisant jusqu'au jour où, l'administration militaire reprenant possession de ses hôpitaux encombrés, put évacuer nos malades et nos convalescents sur d'autres établissements.

Le premier juillet, les sœurs de St-Vincent-de-Paul rappelèrent auprès d'elles les enfants dont nous avions pris la place.

Ainsi se termina après une durée de plus de neuf mois, un état de choses créé par nos désastres, et que troublèrent pendant deux mois, des désordres dont le douloureux souvenir ne sera pas de longtemps effacé. Si, au milieu de ces tristes événements, la tâche nous fut parfois un peu rude, nous avons été soutenus du moins par le dévouement de tous ceux qui nous prêtaient leur concours. Les jeunes gens qui remplirent près de nous les fonctions d'aide-major, ont droit à tous nos éloges; qu'ils trouvent, à défaut d'une autre que nous aurions été heureux de leur voir accorder, une récompense justement méritée, dans le témoignage que nous leur donnons ici. Ils ont su, dans des circonstances difficiles, garder cette réserve prudente et sage, qui n'était pas l'indifférence pour ce qui se passait sous leurs yeux, mais bien une attitude imposée par les événements eux-mêmes, et grâce à laquelle, ils ont su, plusieurs fois, se faire respecter, et faire aussi respecter les malheureux dont ils avaient la garde.

Nous ne saurions mieux terminer cette étude qu'en répétant ce que nous écrivions aux premières pages. Les sœurs de Saint-Vincent-de-Paul, que nous avons eu l'honneur d'avoir près de nous comme hospitalières, nous ont apporté ce dévouement absolu qui n'a pas besoin de louanges, tant il s'élève au-dessus même de celles que pourrait dicter la plus profonde reconnaissance.

Paris. — Imprimerie de E. DONNIED, rue Cassette, 9.

www.ingramcontent.com/pod-product-compliance
Lightning Source LLC
LaVergne TN
LVHW020257230826
846091LV00006B/2461

9782013370295